MW01290395

A
Vikings
Havamal

Dylon Lawrence

LuLu Press, Inc.
Morrisville, North Carolina

ISBN: 978-1-67817-590-0

Front Cover by Dylon Lawrence
Book design by Dylon Lawrence

Printed by LuLu Press, Inc., in the United States of America

First Printing, 2020.

LuLu Press, Inc.
627 Davis Drive, Suite 300
Morrisville, North Carolina, 27560

3

Innihald
Contents

Havamal
Words Of Odin

1. Gáttir allar áðr gangi fram um skoðask skyli, um skyggnast skyli, því at óvíst er at vita hvar óvinir sitja á fleti fyrir.

1. One shall look through every door before entering. You never know where a foe could be hiding.

2. Gefendr heilir! Gestr er inn kominn, hvar skal sitja sjá? Mjök er bráðr sá er á bröndum skal síns of freista frama.

2. Praise be to givers! A guest has entered; where shall he sit? In a hurry he is, for his life is constantly tested amongst the journey.

3. Elds er þörf þeims inn er kominn ok á kné kalinn. Matar ok váða er manni þörf, þeim er hefr um fjall farit.

3. Fire is needed to the guest who has entered, and who's knees are frozen. Food and coverings a man requires, no matter how far he has traveled.

4. Vatns er þörf þeim er til verðar kemr, þerru ok þjóðlaðar, góðs of æðis ef sér geta mætti orðs ok endrþögu.

4. Water, towels and a welcoming speech awaits everyone that travels to the feast. He will find praise and again be greeted, wise and well must he act.

5. Vits er þörf þeim er víða ratar; dælt er heima hvat; at augabragði verðr sá er ekki kann ok með snotrum sitr.

5. Anyone that wanders far must have wits. At home, all is easy. A joke is he that knows nothing, and with the instructed he sits.

6. At hyggjandi sinni skyli-t maðr hræsinn vera, heldr gætinn at geði; þá er horskr ok þögull kemr heimisgarða til, sjaldan verðr víti vörum, því at óbrigðra vin fær maðr aldregi en mannvit mikit.

6. Of ones own intelligence no man should brag, but rather proceed cautiously. Harm seldom falls upon those who expect it. When you enter a house as a guest, your first friend will be wisdom.

Havamal
Words Of Odin

7. Inn vari gestr, er til verðar kemr, þunnu hljóði þegir, eyrum hlýðir, en augum skoðar; svá nýsisk fróðra hverr fyrir.

7. The smart guest who goes to the feast will sit in silence, with his ears he listens, with his eyes he watches, thus are the habits of wise men.

8. Hinn er sæll, er sér of getr lof ok líknstafi; ódælla er við þat, er maðr eiga skal annars brjóstum í.

8. A man who is praised by another will feel happy; but be careful, for a man's words does not reflect his true thoughts within.

9. Sá er sæll, er sjalfr of á lof ok vit, meðan lifir; því at ill ráð hefr maðr oft þegit annars brjóstum ór.

9. He who lives for wit and praise shall be happy, other men who live selfishly will only share bad counsel.

10. Byrði betri berr-at maðr brautu at en sé mannvit mikit; auði betra þykkir þat í ókunnum stað; slíkt er válaðs vera.

10. While wandering, there is no better item to carry then wisdom. When you are lost, wisdom is better to have then wealth, and in grief a refuge it gives.

11. Byrði betri berr-at maðr brautu at en sé mannvit mikit; vegnest verra vegr-a hann velli at en sé ofdrykkja öls.

11. While wandering, there is no better item to carry then wisdom. There is no worse of an item to carry then drunkenness within the mind and body.

12. Er-a svá gótt sem gótt kveða öl alda sona, því at færa veit, er fleira drekkr síns til geðs gumi.

12. No worse of a provision can no man take then too much alcohol: for the more intoxicated he becomes, the less control he has over his mind.

Havamal
Words Of Odin

13. Óminnishegri heitir sá er yfir ölðrum þrumir, hann stelr geði guma; þess fugls fjöðrum ek fjötraðr vark í garði Gunnlaðar.

13. After too much ale, the mind will flutter like a bird, pushing away the wits of a man: even I was once a victim to these drunken flutters in the garths of Gunmlos below.

14. Ölr ek varð, varð ofrölvi at ins fróða Fjalars; því er ölðr bazt, at aftr of heimtir hverr sitt geð gumi.

14. Drunk I was, I was dead drunk, in the Fjalar court. But the best feasting of ale, is when a man can instantly call back his wits.

15. Þagalt ok hugalt skyli þjóðans barn ok vígdjarft vera; glaðr ok reifr skyli gumna hverr, unz sinn bíðr bana.

15. The son of a king shall be silent and wise, and bold during battle as well; let everyone be joyous and generous towards him until his death.

16. Ósnjallr maðr hyggsk munu ey lifa, ef hann við víg varask; en elli gefr hánum engi frið, þótt hánum geirar gefi.

16. A coward believes he will live forever if he avoids conflict: but old age will give him no peace, only spears may spare him.

17. Kópir afglapi er til kynnis kemr, þylsk hann um eða þrumir; allt er senn, ef hann sylg of getr, uppi er þá geð guma.

17. The ignorant man stares when he comes to feast, he mumbles and mopes; Then when he begins to drink, his entire mind is displayed.

18. Sá einn veit er víða ratar ok hefr fjölð of farit, hverju geði stýrir gumna hverr, sá er vitandi er vits.

18. He who has seen and suffered much, and knows much about the world, who has travelled much, can see the patterns of other mens minds.

Havamal
Words Of Odin

19. Haldi-t maðr á keri, drekki þó at hófi mjöð, mæli þarft eða þegi, ókynnis þess vár þik engi maðr, at þú gangir snemma at sofa.

19. Drink as you please, but know your limits, speak words that need to be said or be silent: No man shall judge you for going to bed early.

20. Gráðugr halr, nema geðs viti, etr sér aldrtrega; oft fær hlægis, er með horskum kemr, manni heimskum magi.

20. The greedy man, without any wits will eat until he is sick, when he dines amongst the wise, they shall question his judgement.

21. Hjarðir þat vitu, nær þær heim skulu, ok ganga þá af grasi; en ósviðr maðr kann ævagi síns of mál maga.

21. The herds know when they have eaten their fill, but a foolish man does not know the limits of his appetite.

22. Vesall maðr ok illa skapi hlær at hvívetna; hittki hann veit, er hann vita þyrfti, at hann er-a vamma vanr.

22. The miserable and angry minded man will sneer and mock all things, as if he is free from faults himself, which he knows not.

23. Ósviðr maðr vakir um allar nætr ok hyggr at hvívetna; þá er móðr, er at morgni kemr, allt er víl sem var.

23. The foolish man will ponder upon his worries at night, until he is tired amongst the morning, yet his worries are still the same.

24. Ósnotr maðr hyggr sér alla vera viðhlæjendr vini; hittki hann fiðr, þótt þeir um hann fár lesi, ef hann með snotrum sitr.

24. The foolish man believes everyone who laughs and smiles with him are friends, yet he knows not how ill they speak about him amongst the wise.

Havamal
Words Of Odin

25. Ósnotr maðr hyggr sér alla vera viðhlæjendr vini; þá þat finnr, er at þingi kemr, at hann á formælendr fáa.

25. The foolish man believes everyone who laughs and smiles with him are friends, but as he enters court, he shall find few to defend him.

26. Ósnotr maðr þykkisk allt vita, ef hann á sér í vá veru; hittki hann veit, hvat hann skal við kveða, ef hans freista firar.

26. The foolish man sits in his corner believing he knows all things, yet he finds difficulty explaining and answering other mens questions.

27. Ósnotr maðr, er með aldir kemr, þat er bazt, at hann þegi; engi þat veit, at hann ekki kann, nema hann mæli til margt; veit-a maðr, hinn er vettki veit, þótt hann mæli til margt.

27. A foolish man in the company of others best be quite, no one will question his wit unless he speaks too much. He who talks too much, will ignore knowledge brought forth by others.

28. Fróðr sá þykkisk, er fregna kann ok segja it sama; eyvitu leyna megu ýta synir, því er gengr um guma.

28. An intelligent man will ask questions and answer the questions of others; nothing can be concealed once it is spoken.

29. Ærna mælir, sá er æva þegir, staðlausu stafi; hraðmælt tunga, nema haldendr eigi, oft sér ógótt of gelr.

29. He who speaks too much will have little value amongst his words. A rambling tongue, unless tamed, will often produce problems.

30. At augabragði skal-a maðr annan hafa, þótt til kynnis komi; margr þá fróðr þykkisk, ef hann freginn er-at ok nái hann þurrfjallr þruma.

30. Take time to judge a man, many believe the man who is not questioned to be wise. Anyone who avoids storms initially appears to be wise.

Havamal
Words Of Odin

31. Fróðr þykkisk, sá er flótta tekr,
gestr at gest hæðinn; veit-a
görla, sá er of verði glissir, þótt
hann með grömum glami.

31. He is wise to leave the table
when guests mock other
guests. He who grins during
the mocking, knows not that
he chatters with enemies.

32. Gumnar margir erusk
gagnhollir, en at virði vrekask;
aldar róg þat mun æ vera, órir
gestr við gest.

32. Even life long friends will
argue at the table; irritation
will always be amongst men,
guest will irritate guest.

33. Árliga verðar skyli maðr oft
fáa, nema til kynnis komi: str
ok snópir, lætr sem solginn sé
ok kann fregna at fáu.

33. A man should eat well before
visiting friends, if not, he will
feel famished and unable to
keep good conversations.

34. Afhvarf mikit er til ills vinar,
þótt á brautu búi, en til góðs
vinar liggja gagnvegir, þótt
hann sé firr farinn.

34. A bad friend will seem far
away even though he lives on
your road, the distance to a
dear friend will seem closer
even though he lives farther
away.

35. Ganga skal, skal-a gestr vera
ey í einum stað; ljúfr verðr
leiðr, ef lengi sitr annars
fletjum á.

35. Don't over stay your welcome
when visiting friends, know
when it is time to leave; if you
stay to long, love can turn into
loathing.

36. Bú er betra, þótt lítit sé, halr er
heima hverr; þótt tvær geitr
eigi ok taugreftan sal, þat er þó
betra en bæn.

36. No matter the size, a man's
own home is always best;
though the man might only
own two goats and a leaky
roof, he is still better off then
begging.

Havamal
Words Of Odin

37. Bú er betra, þótt lítit sé, halr er
heima hverr; blóðugt er hjarta,
þeim er biðja skal sér í mál
hvert matar.

37. No matter the size, a man's
own home is always best; a
man's spirit will crumble if he
begs for every meal.

38. Vápnum sínum skal-a maðr
velli á feti ganga framar, því at
óvíst er at vita, nær verðr á
vegum úti geirs of þörf guma.

38. Never go anywhere without
your weapon, on the road, a
man can never know when his
life will be tested.

39. Fannk-a ek mildan mann eða
svá matar góðan, at væri-t
þiggja þegit, eða síns féar
svági, at leið sé laun, ef þægi.

39. I have never met a man so
generous that he wouldn't
accept a gift, nor a rich man
who hated to be repaid.

40. Féar síns, er fengit hefr, skyli-t
maðr þörf þola; oft sparir
leiðum, þats hefr ljúfum hugat;
margt gengr verr en varir.

40. A man should spend his hard
earned wealth on whatever he
desires; often any wealth saved
for loved ones will end up in
the hands of a foe.

41. Vápnum ok váðum skulu vinir
gleðjask; þat er á sjalfum
sýnst; viðrgefendr ok
endrgefendr erusk lengst vinir,
ef þat bíðr at verða vel.

41. Friends should always repay
each other with gifts, as any
man can see, the longest
friendships are reinforced with
equal gift giving.

42. Vin sínum skal maðr vinr vera
ok gjalda gjöf við gjöf; hlátr
við hlátri skyli hölðar taka en
lausung við lygi.

42. Friends should always repay
each other with gifts, and to
the friends of friends, let
honest laughter be exchanged
for more honest laughter, for
fake laughter is noticeably
insincere.

Havamal
Words Of Odin

43. Vin sínum skal maðr vinr vera,
þeim ok þess vin; en óvinar
síns skyli engi maðr vinar vinr
vera.

43. A man should always be
faithful towards his friend and
to the friends of a friend; it is
very unwise to offer friendship
towards an enemies friend.

44. Veiztu, ef þú vin átt, þann er
þú vel trúir, ok vill þú af
hánum gótt geta, geði skaltu
við þann blanda ok gjöfum
skipta, fara at finna oft.

44. Treat the friends that you trust
well, open yourself up and tell
him your thoughts, give him
gifts, and go visit him often.

45. Ef þú átt annan, þanns þú illa
trúir, vildu af hánum þó gótt
geta, fagrt skaltu við þann
mæla en flátt hyggja ok gjalda
lausung við lygi.

45. If there is a man you don't
trust, yet you want him to treat
you well, you should speak to
him fairly at first, though stay
cautious, repay his lies with
lies.

46. Það er enn of þann er þú illa
trúir ok þér er grunr at hans
geði, hlæja skaltu við þeim ok
um hug mæla; glík skulu gjöld
gjöfum.

46. Here is more advice for the
man you don't trust, laugh
when he laughs, use kind
words, keep his guard down,
yet always stay one step ahead.

47. Ungr var ek forðum, fór ek
einn saman, þá varð ek villr
vega; auðigr þóttumk, er ek
annan fann, maðr er manns
gaman.

47. I used to wander alone when I
was young, sometimes I would
lose my way; I felt wealthy
when I made a new friend, for
man is the joy of man.

48. Mildir, fræknir menn bazt lifa,
sjaldan sút ala; en ósnjallr
maðr uggir hotvetna, sýtir æ
glöggr við gjöfum.

48. Brave and generous men
always live the best lives,
seldom do they sorrow, then
there are fools, afraid of
everything, who constantly
mourn throughout life.

Havamal
Words Of Odin

49. Váðir mínar gaf ek velli at
tveim trémönnum; rekkar þat
þóttusk, er þeir rift höfðu;
neiss er nökkviðr halr.

49. When I saw two scarecrows
amongst the field, I covered
them with my clothes; they
looked like warriors when
dressed, because who would
hail a naked hero?

50. Hrörnar þöll, sú er stendr þorpi
á, hlýr-at henni börkr né barr;
svá er maðr, sá er manngi ann.
Hvat skal hann lengi lifa?

50. The lone pine tree will die
amongst an open field, neither
bark or needles save it. It is
like a man who is loved by no
one, how can he live long?

51. Eldi heitari brennr með illum
vinum friðr fimm daga, en þá
sloknar, er inn sétti kemr, ok
versnar allr vinskapr.

51. The friendship of false friends
burns like fire for five days,
when the sixth day comes, the
fire dies and all love is lost.

52. Mikit eitt skal-a manni gefa;
oft kaupir sér í litlu lof, með
halfum hleif ok með höllu keri
fekk ek mér félaga.

52. You don't have to give large or
expensive gifts away, gifts
with sentimental value are
best; half a loaf of bread and a
horn of ale won me many
friendships.

53. Lítilla sanda lítilla sæva lítil
eru geð guma; því allir menn
urðu-t jafnspakir; half er öld
hvar.

53. There are little shoes and little
seas and men with little sense;
just like all men are not equal
in wisdom, there are plenty of
men who lack wit.

54. Meðalsnotr skyli manna hverr;
æva til snotr sé; þeim er fyrða
fegrst at lifa, er vel margt vitu.

54. Moderately wise a man should
be, never too wise; men who
live the happiest lives know
not too much.

Havamal
Words Of Odin

55. Meðalsnotr skyli manna hverr,
æva til snotr sé; því at snotrs
manns hjarta verðr sjaldan
glatt, ef sá er alsnotr, er á.

55. Moderately wise a man should
be, never too wise; a man's
heart is seldom happy if he is
truly wise. For the burdens of
wisdom weight heavy.

56. Meðalsnotr skyli manna hverr,
æva til snotr sé; örlög sín viti
engi fyrir, þeim er
sorgalausastr sefi.

56. Moderately wise a man should
be, never too wise; if you
know not what the future
brings, then so can you live
care free.

57. Brandr af brandi brenn, unz
brunninn er, funi kveikisk af
funa; maðr af manni verðr at
máli kuðr, en til dælskr af dul.

57. Flames from one log leap to
another, fire knows fire; just as
wisdom is passed from man to
man, his wit is shown through
his words, ignorance is silent.

58. Ár skal rísa, sá er annars vill fé
eða fjör hafa; sjaldan liggjandi
ulfr lær of getr né sofandi
maðr sigr.

58. Get up early if you desire
another man's life or property;
the idle wolf kills nothing nor
does a sleeping man become
successful.

59. Ár skal rísa, sá er á yrkjendr
fáa, ok ganga síns verka á vit;
margt of dvelr, þann er um
morgin sefr, hálfr er auðr und
hvötum.

59. Get up early if you have few
men, and attend the tasks
yourself, time and wealth slips
by when you're sleeping.

60. Þurra skíða ok þakinna næfra,
þess kann maðr mjöt, þess
viðar, er vinnask megi mál ok
misseri.

60. A man can measure the
amount of roof beams and bark
he needs; and measure enough
wood to keep him warm all
winter.

Havamal
Words Of Odin

61. Þveginn ok mettr ríði maðr þingi at, þótt hann sé-t væddr til vel; skúa ok bróka skammisk engi maðr né hests in heldr, þótt hann hafi-t góðan.

61. You should arrive to court fed and washed, and care not for your clothes; no man shall be shamed for his shoes or breeches, nor the poor horse he rides.

62. Snapir ok gnapir, er til sævar kemr, örn á aldinn mar; svá er maðr, er með mörgum kemr ok á formælendr fáa.

62. Anxious and searching the sea, the eagle watches the waves; just like the man who comes among many with no friends.

63. Fregna ok segja skal fróðra hverr, sá er vill heitinn horskr; einn vita né annarr skal, þjóð veit, ef þrír ro.

63. A wise man will ask questions and reply with answers; let one know your secret, but never a second, if two men know then so shall three, and if three men know then so shall everyone.

64. Ríki sitt skyli ráðsnotra hverr í hófi hafa; þá hann þat finnr, er með fræknum kemr at engi er einna hvatastr.

64. A wise man will use his strength appropriately, for he discovers among the brave that no one man claims all the courage.

65. orða þeira, er maðr öðrum segir oft hann gjöld of getr.

65. Speak of others, as if you were them; often a man will receive the same tone of words he speaks.

66. Mikilsti snemma kom ek í marga staði, en til síð í suma; öl var drukkit, sumt var ólagat, sjaldan hittir leiðr í líð.

66. Many houses I arrived to early, to others much too late: the ale was all gone or not served, unwelcome guests find no feast.

Havamal
Words Of Odin

67. Hér ok hvar myndi mér heim of boðit, ef þyrftak at málungi mat, eða tvau lær hengi at ins tryggva vinar, þars ek hafða eitt etit.

67. At some tables I was treated well only if I did not ask for meat; I needed not to ask for meat at a friends house, two hams were prepared where I had eaten one.

68. Eldr er beztr með ýta sonum ok sólar sýn, heilyndi sitt, ef maðr hafa náir, án við löst at lifa.

68. To the sons of men fire is dear, most sweet the sight of the sun; good health if one is able to keep it, and to live life without shame.

69. Er-at maðr alls vesall, þótt hann sé illa heill; sumr er af sonum sæll, sumr af frændum, sumr af fé ærnu, sumr af verkum vel.

69. A man can still be happy if his health fails: some can rejoice in their sons, some in their friends, some in their wealth and some in their life's work.

70. Er-at maðr alls vesall, þótt hann sé illa heill; sumr er af sonum sæll, sumr af frændum, sumr af fé ærnu, sumr af verkum vel.

70. It is always better to be alive rather then dead; a living man can always change his situation. I once saw a rich mans house on fire, while he laid dead at the door.

71. Haltr ríðr hrossi, hjörð rekr handar vanr, daufr vegr ok dugir, blindr er betri en brenndr séi, nýtr manngi nás.

71. The lame ride horseback, the handless move herds, the deaf man can prevail in battle, better to be blind then dead, because dead men do nothing.

72. Sonr er betri, þótt sé síð of alinn eftir genginn guma; sjaldan bautarsteinar standa brautu nær, nema reisi niðr at nið.

72. It is better to have a son, even if he is born after your death; you seldom see memorial stones raised by anyone besides sons of men.

Havamal
Words Of Odin

73. Tveir ro eins herjar, tunga er
höfuðs bani; er mér í heðin
hvern handar væni.

73. Two make a battle, the tongue
slays the head; I always expect
a weapon behind every cloak.

74. Nótt verðr feginn sá er nesti
trúir, skammar ro skips ráar;
hverf er haustgríma; fjölð of
viðrir á fimm dögum en meira
á mánuði.

74. Night is friendly when you
have prepared, a ship has small
cabins; Don't trust the autumn
night. The weather rarely stays
the same for five days, but
rather changes more in one
month.

75. Veit-a hinn, er vettki veit,
margr verðr af aurum api;
maðr er auðigr, annar óauðigr,
skyli-t þann vítka váar.

75. He who attempts to learn
nothing can never spot a fool,
for if one man is rich then
another man is poor and no
one is to blame for that.

76. Deyr fé, deyja frændr, deyr
sjalfr it sama, en orðstírr deyr
aldregi, hveim er sér góðan
getr.

76. Cattle die and all men die, one
day you will die; when a man
wins fair fame, his praise shall
not die.

77. Deyr fé, deyja frændr, deyr
sjalfr it sama, ek veit einn, at
aldrei deyr: dómr um dauðan
hvern.

77. Cattle die and all men die, one
day you will die; but the
reputation of a man never dies.

78. Fullar grindr sá ek fyr Fitjungs
sonum, nú bera þeir vánar völ;
svá er auðr sem augabragð,
hann er valtastr vina.

78. I saw the lushes farming fields
of Fitjung's sons, who now
bare beggars staves; don't trust
wealth, in the blink of an eye it
can be the falsest of friends.

Havamal
Words Of Odin

79. Ósnotr maðr, ef eignask getr fé
    eða fljóðs munuð, metnaðr
    hánum þróask, en mannvit
    aldregi, fram gengr hann drjúgt
    í dul.

79. A fool must only gain wealth
    or the love of a woman, and
    his self esteem will grow,
    unlike his wits, his pride will
    always overshadow wits.

80. Þat er þá reynt, er þú að rúnum
    spyrr inum reginkunnum, þeim
    er gerðu ginnregin ok fáði
    fimbulþulr, þá hefir hann bazt,
    ef hann þegir.

80. He who reads and questions
    the scared runes given by the
    Gods, that Odin set down and
    painted: he best remain silent
    around others.

81. At kveldi skal dag leyfa, konu,
    er brennd er, mæki, er reyndr
    er, mey, er gefin er, ís, er yfir
    kemr, öl, er drukkit er.

81. Praise the day at nightfall,
    when a women is dead, when a
    sword proves well in battle,
    when a maiden is married,
    when ice holds, when ale is
    drunk.

82. Í vindi skal við höggva, veðri á
    sjó róa, myrkri við man spjalla,
    mörg eru dags augu; á skip
    skal skriðar orka, en á skjöld
    til hlífar, mæki höggs, en mey
    til kossa.

82. Cut down trees in the wind,
    sail the seas during fair
    weather, sweet talk a woman
    during the night, for many
    eyes watch during the day,
    from the ship seek swiftness,
    from the shield seek
    protection, cuts from the sword
    and a kiss from a maiden.

83. Við eld skal öl drekka, en á ísi
    skríða, magran mar kaupa, en
    mæki saurgan, heima hest
    feita, en hund á búi.

83. Drink ale by the fire, but slide
    on the ice; buy a horse that is
    lean and a sword stained with
    blood; feed a horse in the
    stable, and a dog in your yard.

Havamal
Words Of Odin

84. Meyjar orðum skyli manngi trúa né því, er kveðr kona, því at á hverfanda hvéli váru þeim hjörtu sköpuð, brigð í brjóst of lagið.

84. Never trust a woman's words nor expect them to be constant; their hearts can change instantly, their minds are made to change.

85. Brestanda boga, brennanda loga, gínanda ulfi, galandi kráku, rýtanda svíni, rótlausum viði, vaxanda vági, vellanda katli.

85. A breaking bow, a flaring flame, a howling wolf, a croaking raven, a mad swine, a rootless tree, a strong wave, or a hot cauldron never trust.

86. Fljúganda fleini, fallandi báru, ísi einnættum, ormi hringlegnum, brúðar beðmálum eða brotnu sverði, bjarnar leiki eða barni konungs.

86. A flying arrow, a falling billow, frozen water at night, a coiling adder, a women's bed talk, a broken blade, playful bears or a kings son never trust.

87. Sjúkum kalfi, sjalfráða þræli, völu vilmæli, val nýfelldum.

87. A sick calf, a willful slave, sweet words from witches or the newly slain never trust.

88. Akri ársánum trúi engi maðr né til snemma syni, veðr ræðr akri. en vit syni; hætt er þeira hvárt.

88. A brothers slayer when met abroad, a half burned house, a horse with one leg hurt, none has ever had faith to trust them all.

89. Bróðurbana sínum þótt á brautu mæti, húsi hálfbrunnu, hesti alskjótum, þá er jór ónýtr, ef einn fótr brotnar, verði-t maðr svá tryggr at þessu trúi öllu.

89. Never trust a field sown early or a son too soon; weather factors the crops and wisdom determines the son, both are open to risk.

Havamal
Words Of Odin

90.   Svá er friðr kvenna, þeira er
flátt hyggja, sem aki jó
óbryddum á ísi hálum, teitum,
tvévetrum ok sé tamr illa, eða í
byr óðum beiti stjórnlausu, eða
skyli haltr henda hrein í
þáfjalli.

90.   You will find the love of a
faithless woman: like a falling
horse on slippery ice, or like a
clumsy two year old, or like a
ship with no rudder sailing
through a storm, or like a lame
man running after reindeer on
an icy hill.

91.   Bert ek nú mæli, því at ek
bæði veit,
brigðr er karla hugr konum;
þá vér fegrst mælum, er vér
flást hyggjum:
þat tælir horska hugi.

91.   Believe what I say, I know
them both: men don't keep
faith with women; men speak
fair words while also thinking
falsely to bewilder the wits of
the wise.

92. Fagrt skal mæla ok fé bjóða, sá
er vill fljóðs ást fá, líki leyfa
ins ljósa mans, sá fær, er fríar.

92.   Speak pleasing words and
offer presents to win a
women's love, praise her
beauty and looks: who ever
can flatter better shall win her
heart.

93.   Ástar firna skyli engi maðr
annan aldregi; oft fá á horskan,
er á heimskan né fá, lostfagrir
litir.

93.   Let no man laugh or mock
another man's love; the fools
are free from such pain and
often the wise are fettered by
beauty that breeds desire.

94.   Eyvitar firna er maðr annan
skal, þess er um margan gengr
guma; heimska ór horskum
gerir hölða sonu sá inn máttki
munr.

94.   Let no man laugh or mock
another man's suffering: wise
men are often made into fools
by the lures of love.

Havamal
Words Of Odin

95. Hugr einn þat veit, er býr hjarta nær, einn er hann sér of sefa; öng er sótt verri hveim snotrum manni en sér engu at una.

95. Only you can know what lives near your heart, see clearly into yourself; having nothing to love is worse then sickness for a wise man.

96. Þat ek þá reynda, er ek í reyri sat, ok vættak míns munar; hold ok hjarta var mér in horska mær; þeygi ek hana at heldr hefik.

96. I realized as I sat among the reeds waiting for that fair woman, that I loved her beyond soul and body, yet I never had her.

97. Billings mey ek fann beðjum á sólhvíta sofa; jarls ynði þótti mér ekki vera nema við þat lík at lifa.

97. I saw Billing's daughter in her bed, a sun bright maiden sleeping; the world seemed empty of delight unless I could be next to her.

98. "Auk nær aftni skaltu, Óðinn, koma, ef þú vilt þér mæla man; allt eru ósköp, nema einir viti slíkan löst saman."

98. She told me "You must wait, Odin; until it is dark, come back if you want to woo me. I would like no one else to know of my weakness."

99. Aftr ek hvarf ok unna þóttumk vísum vilja frá; hitt ek hugða, at ek hafa mynda geð hennar allt ok gaman.

99. I hastened eagerly, thinking that I was going to receive delight for my desire, surely I thought, she would grant me what I longed for.

100. Svá kom ek næst, at in nýta var vígdrótt öll of vakin með brennandum ljósum ok bornum viði, svá var mér vílstígr of vitaðr.

100. So I came when it was nighttime, to my surprise, I saw many guards waiting for me; with burning torches and waving swords, they denied my entry, she led me on a chase.

Havamal
Words Of Odin

101. Auk nær morgni, er ek var enn of kominn, þá var saldrótt of sofin; grey eitt ek þá fann innar góðu konu bundit beðjum á.

101. When the sun rose and I returned, not a soul was in sight; I further investigated and found that the fair woman had bound a dog to her bed.

102. Mörg er góð mær, ef görva kannar, hugbrigð við hali; þá ek þat reynda, er it ráðspaka teygða ek á flærðir fljóð; háðungar hverrar leitaði mér it horska man, ok hafða ek þess vettki vífs.

102. Make no mistake, there are many women who backstab and lie; I learned this truth when I tried to lure a woman to love, she made me suffer every possible shame and denied me the delight.

103. Heima glaðr gumi ok við gesti reifr, sviðr skal um sig vera, minnigr ok málugr, ef hann vill margfróðr vera, oft skal góðs geta; fimbulfambi heitir, sá er fátt kann segja, þat er ósnotrs aðal.

103. Be happy at home and pleasant with guests, but keep your intelligence about you. Remembering much and ready to converse, you will be known as wise; an idiot will never say anything because he knows nothing.

104. Inn aldna jötun ek sótta, nú em ek aftr of kominn: fátt gat ek þegjandi þar; mörgum orðum mælta ek í minn frama í Suttungs sölum.

104. I found the old giant, and when I saw him, I would've learned very little by keeping silent: I received much knowledge for the words I spoke in Suttung's hall.

105. Gunnlöð mér of gaf gullnum stóli á drykk ins dýra mjaðar; ill iðgjöld lét ek hana eftir hafa síns ins heila hugar, síns ins svára sefa.

105. I cut a path there with Rati's teeth and made room to pass through the rock; while the ways of giants stretched over and under, I risked my life for a draught.

Havamal
Words Of Odin

106. Rata munn létumk rúms of fá
ok um grjót gnaga; yfir ok
undir stóðumk jötna vegir, svá
hætta ek höfði til.

106. From her golden throne
Gunnlod gave me a draught of
glorious ale; for her kindness
and big heart she received a
small reward in return.

107. Vel keypts litar hefi ek vel
notit, fás er fróðum vant, því at
Óðrerir er nú upp kominn á
alda vés jaðar.

107. In a witty disguise, I worked
my will; little is lacking to the
wise, the special drink, the ale
of poetry, was brought to the
world of men.

108. Ifi er mér á, at ek væra enn
kominn jötna görðum ór, ef ek
Gunnlaðar né nytak, innar
góðu konu, þeirar er lögðumk
arm yfir.

108. I don't think I could've
escaped the lands of giants
without the help of Gunnlod,
that sweet woman, who laid in
my arms for love.

109. Ins hindra dags gengu
hrímþursar Háva ráðs at fregna
Háva höllu í; at Bölverki þeir
spurðu, ef hann væri með
böndum kominn eða hefði
hánum Suttungr of sóit.

109. On the next day, the frost
giants entered Odin's hall: and
asked if Odin had returned
amongst the other Gods or if
he had he been slain by
Suttung below?

110. Baugeið Óðinn, hygg ek, at
unnit hafi; hvat skal hans
tryggðum trúa? Suttung
svikinn hann lét sumbli frá ok
grætta Gunnlöðu.

110. On his ring Odin swore an
oath, who now can trust his
promises? He stole the ale
from Suttung's feast and
caused Gunnlod to weep.

Havamal
Words Of Odin

111. Mál er at þylja þular stóli á
Urðarbrunni at, sá ek ok
þagðak, sá ek ok hugðak,
hlýdda ek á manna mál;

111. Now it is time to speak from
the Sages Seat as a believer;
next to the Norn's sacred
spring; I watched and listened,
I questioned and pondered, I
listened to the words of the
wise;

112. of rúnar heyrða ek dæma,
né of ráðum þögðu
Háva höllu at, Háva höllu í,
heyrða ek segja svá:

112. Of runes they spoke, little
speech was withheld as they
read the runes: at Odin's Hall,
in Odin's Hall, I heard Odin
say:

113. Ráðumk þér, Loddfáfnir, en þú
ráð nemir, njóta mundu, ef þú
nemr, þér munu góð, ef þú
getr: nótt þú rís-at nema á
njósn séir eða þú leitir þér
innan út staðar.

113. Trust my words, Believer,
accept my counsels, you will
profit so much, and gain much
wisdom if you learn from it:
don't get up at night except to
guard your house, or to go
relieve yourself.

114. Ráðumk þér, Loddfáfnir, en þú
ráð nemir, njóta mundu, ef þú
nemr, þér munu góð, ef þú
getr: fjölkunnigri konu skal-at-
tu í faðmi sofa, svá at hon lyki
þik liðum.

114. Trust my words, Believer,
accept my counsels, you will
profit so much, and gain much
wisdom if you learn it: never
have sex with a witch, or else
she will lock your limbs.

115. Hon svá gerir, at þú gáir eigi
þings né þjóðans máls; mat þú
vill-at né mannskis gaman, ferr
þú sorgafullr at sofa.

115. She will fog your mind, you
will not want the company of
friends or family, food will
have no taste, your joy will
diminish, you will constantly
seek your bed in sorrow.

Havamal
Words Of Odin

116. Ráðumk þér, Loddfáfnir, en þú ráð nemir, njóta mundu, ef þú nemr, þér munu góð, ef þú getr: annars konu teygðu þér aldregi eyrarúnu at.

116. Trust my words, Believer, accept my counsels, you will profit so much, and gain much wisdom if you learn it: never lure another mans wife to have sex with.

117. Ráðumk þér, Loddfáfnir, en þú ráð nemir, njóta mundu, ef þú nemr, þér munu góð, ef þú getr: á fjalli eða firði, ef þik fara tíðir, fásktu at virði vel.

117. Trust my words, Believer, accept my counsels, you will profit so much, and gain much wisdom if you learn it: when you intend to travel over water or a mountain, don't forget food.

118. Ráðumk þér, Loddfáfnir, en þú ráð nemir, njóta mundu, ef þú nemr, þér munu góð, ef þú getr: illan mann láttu aldregi óhöpp at þér vita, því at af illum manni fær þú aldregi gjöld ins góða hugar.

118. Trust my words, Believer, accept my counsels, you will profit so much, and gain much wisdom if you learn it: never tell a mischievous man your problems, he shall reward you with treachery.

119. Ofarla bíta ek sá einum hal orð illrar konu; fláráð tunga varð hánum at fjörlagi ok þeygi of sanna sök.

119. I once saw a man appear physically wounded by the words of a wicked woman, to him, her words were worse then death, yet nothing she said was true.

120. Ráðumk þér, Loddfáfnir, en þú ráð nemir, njóta mundu, ef þú nemr, þér munu góð, ef þú getr: veistu, ef þú vin átt, þann er þú vel trúir, far þú at finna oft, því at hrísi vex ok hávu grasi vegr, er vættki treðr.

120. Trust my words, Believer, accept my counsels, you will profit so much, and gain much wisdom if you learn it: visit your good friends often, grass grows tall on the road barely used.

Havamal
Words Of Odin

121. Ráðumk þér, Loddfáfnir, en þú
ráð nemir, njóta mundu, ef þú
nemr, þér munu góð, ef þú
getr: góðan mann teygðu þér at
gamanrúnum ok nem
líknargaldr, meðan þú lifir.

121. Trust my words, Believer,
accept my counsels, you will
profit so much, and gain much
wisdom if you learn it: rejoice
and share wisdom with a man
you respect, give in to the joys
of good conversation.

122. Ráðumk þér, Loddfáfnir, en þú
ráð nemir, njóta mundu, ef þú
nemr, þér munu góð, ef þú
getr: vin þínum ver þú aldregi
fyrri at flaumslitum; sorg etr
hjarta, ef þú segja né náir
einhverjum allan hug.

122. Trust my words, Believer,
accept my counsels, you will
profit so much, and gain much
wisdom if you learn it: always
be loyal to a friend, never be
the first to break a friendship;
grief will consume your heart
if you have no one to speak to.

123. Ráðumk þér, Loddfáfnir, en þú
ráð nemir, njóta mundu, ef þú
nemr, þér munu góð, ef þú
getr: orðum skipta þú skalt
aldregi við ósvinna apa.

123. Trust my words, Believer,
accept my counsels, you will
profit so much, and gain much
wisdom if you learn it: if you
are wise, then you will never
exchange wisdom with fools
along your travels.

124. Því at af illum manni mundu
aldregi góðs laun of geta, en
góðr maðr mun þik gerva
mega líknfastan at lofi.

124. Trust my words, Believer,
accept my counsels, you will
profit so much, and gain much
wisdom if you learn it: do not
seek praise from a fool, rather
seek the praise of a wise man,
because his praise shall reward
you with fame and love.

Havamal
Words Of Odin

125. Sifjum er þá blandat, hver er segja ræðr einum allan hug; allt er betra en sé brigðum at vera; er-a sá vinr öðrum, er vilt eitt segir.

125. True friendships are made when both parties are true to themselves. Anything is better then a fake friend, a real friend will not hesitate to say what you would rather not hear.

126. Ráðumk, þér Loddfáfnir, en þú ráð nemir, njóta mundu, ef þú nemr, þér munu góð, ef þú getr: þrimr orðum senna skal-at-tu þér við verra mann oft inn betri bilar, þá er inn verri vegr.

126. Trust my words, Believer, accept my counsels, you will profit so much, and gain much wisdom if you learn it: don't fight words with a worse man, often the better man will yield when the worst man strikes.

127. Ráðumk þér, Loddfáfnir, en þú ráð nemir, njóta mundu, ef þú nemr, þér munu góð, ef þú getr: skósmiðr þú verir né skeftismiðr, nema þú sjalfum þér séir: skór er skapaðr illa eða skaft sé rangt, þá er þér böls beðit.

127. Trust my words, Believer, accept my counsels, you will profit so much, and gain much wisdom if you learn it: make shoes and spear shafts specifically to fit your needs, a bad shoe or a crooked shaft can lead to misfortune.

128. Ráðumk þér, Loddfáfnir, en þú ráð nemir, njóta mundu, ef þú nemr, þér munu góð, ef þú getr: hvars þú böl kannt, kveð þú þér bölvi at ok gef-at þínum fjándum frið.

128. Trust my words, Believer, accept my counsels, you will profit so much, and gain much wisdom if you learn it: never forgive or forget unprovoked transgressions by others, don't be silent and never let the aggressors find peace.

Havamal
Words Of Odin

129. Ráðumk þér, Loddfáfnir, en þú ráð nemir, njóta mundu, ef þú nemr, þér munu góð, ef þú getr: illu feginn ver þú aldregi, en lát þér at góðu getit.

129. Trust my words, Believer, accept my counsels, you will profit so much, and gain much wisdom if you learn it: never rejoice in evil deeds; but rather live honorably and support good deeds.

130. Ráðumk þér, Loddfáfnir, en þú ráð nemir, njóta mundu, ef þú nemr, þér munu góð, ef þú getr: upp líta skal-at-tu í orrustu, gjalti glíkir verða gumna synir, síðr þitt of heilli halir.

130. Trust my words, Believer, accept my counsels, you will profit so much, and gain much wisdom if you learn it: never look up in the midst of battle, stay focused when fighting an enemy or else your wits may fail you.

131. Ráðumk þér, Loddfáfnir, en þú ráð nemir, njóta mundu, ef þú nemr, þér munu góð, ef þú getr: ef þú vilt þér góða konu kveðja at gamanrúnum ok fá fögnuð af, fögru skaltu heita ok láta fast vera; leiðisk manngi gótt, ef getr.

131. Trust my words, Believer, accept my counsels, you will profit so much, and gain much wisdom if you learn it: if you want to win the friendship of a fair women, then make promises and keep them, none can scorn the reliable.

132. Ráðumk þér, Loddfáfnir, en þú ráð nemir, njóta mundu, ef þú nemr, þér munu góð, ef þú getr: varan bið ek þik vera ok eigi ofvaran; ver þú við öl varastr ok við annars konu ok við þat it þriðja, at þjófar né leiki.

132. Trust my words, Believer, accept my counsels, you will profit so much, and gain much wisdom if you learn it: be cautious, but don't be constantly paranoid, watch out for ale and other mens wives, never let scammers play tricks on you.

Havamal
Words Of Odin

133. Ráðumk þér, Loddfáfnir, en þú
ráð nemir, njóta mundu, ef þú
nemr, þér munu góð, ef þú
getr: at háði né hlátri hafðu
aldregi gest né ganganda.

133. Trust my words, Believer,
accept my counsels, you will
profit so much, and gain much
wisdom if you learn it: never
mock a guest nor another man
you meet on the road.

134. Oft vitu ógörla, þeir er sitja
inni fyrir, hvers þeir ro kyns, er
koma; er-at maðr svá góðr at
galli né fylgi, né svá illr, at
einugi dugi.

134. Initially the fame of any man
is hard to recognize, and it is
even harder to know all the
men he associates with; you
will never find a man that has
absolutely nothing to offer.

135. Ráðumk þér, Loddfáfnir, en þú
ráð nemir, njóta mundu, ef þú
nemr, þér munu góð, ef þú
getr: at hárum þul hlæ þú
aldregi, oft er gótt, þat er
gamlir kveða; oft ór skörpum
belg skilin orð koma þeim er
hangir með hám ok skollir með
skrám ok váfir með vílmögum.

135. Trust my words, Believer,
accept my counsels, you will
profit so much, and gain much
wisdom if you learn it: never
laugh at long bearded old men!
You may learn a lot by
listening to the elders, and find
wise words within their
wrinkled skins: though it
hangs like hides, flaps like
pelts and blows with bellies.

136. Ráðumk þér, Loddfáfnir, en þú
ráð nemir, njóta mundu, ef þú
nemr, þér munu góð, ef þú
getr: gest þú né geyja né á
grind hrekir; get þú váluðum
vel.

135. Trust my words, Believer,
accept my counsels, you will
profit so much, and gain much
wisdom if you learn it: never
curse at an unexpected guest
nor hatefully show them off
your property, but rather show
compassion towards the
beggar.

137. Rammt er þat tré, er ríða skal öllum at upploki; baug þú gef, eða þat biðja mun þér læs hvers á liðu.

137. Strong minds will have the will to admit all. Share reasonable wealth when able, or else they might seek ill harm to you.

138. Ráðumk þér, Loddfáfnir, en þú ráð nemir, njóta mundu, ef þú nemr, þér munu góð, ef þú getr: hvars þú öl drekkir, kjós þér jarðar megin, því at jörð tekr við öldri, en eldr við sóttum, eik við abbindi, ax við fjölkynngi, höll við hýrógi, heiftum skal mána kveðja, beiti við bitsóttum, en við bölvi rúnar, fold skal við flóði taka.

138. Trust my words, Believer, accept my counsels, you will profit so much, and gain much wisdom if you learn it: seek the world when you need help fighting ale, seek fire to fight sickness, seek oak when your constipated, seek corn against witchcraft, seek elders for spousal support, seek the moon to fight hatred, seek herbs for cattle sickness, seek runes for misfortune, the fields shall absorb the flood.

139. Veit ek, at ek hekk vindga meiði á nætr allar níu, geiri undaðr ok gefinn Óðni, sjalfr sjalfum mér, á þeim meiði, er manngi veit hvers af rótum renn.

139. Odin said: I know that I hung high on a windy tree for nine whole days and nights, stabbed with a spear, I offered Odin to myself, high on that tree of which no one knows how far its roots rises.

140. Við hleifi mik sældu né við hornigi; nýsta ek niðr, nam ek upp rúnar, æpandi nam, fell ek aftr þaðan.

140. None brought me bread nor a horn to drink from, I gazed toward the ground. Crying aloud I lifted the runes; then finally I fell.

Havamal
Words Of Odin

141. Fimbulljóð níu nam ek af inum frægja syni Bölþorns, Bestlu föður, ok ek drykk of gat ins dýra mjaðar, ausinn Óðreri.

141. Nine mighty songs I learned from the son of Botlhorn, Bestal's father, I drank plenty of that glorious ale, with the shower of drops I regained.

142. Þá nam ek frævask ok fróðr vera ok vaxa ok vel hafask, orð mér af orði orðs leitaði, verk mér af verki verks leitaði.

142. I had learned the secret lore, prospered and swelled in wisdom; words came when I sought words, multiple verses came when I sought a verse.

143. Rúnar munt þú finna ok ráðna stafi, mjök stóra stafi, mjök stinna stafi, er fáði fimbulþulr ok gerðu ginnregin ok reist hroftr rögna.

143. You will find runes and staves read right, many symbols of strength and power, the mighty songs of the sage passed down, that the great Gods created, wisdom of Odin.

144. Óðinn með ásum, en fyr alfum Dáinn, Dvalinn ok dvergum fyrir, Ásviðr jötnum fyrir, ek reist sjalfr sumar.

144. For the Gods graved Odin, the elves graved Dain, the dwarfs graved Dvalin, the giants graved Asvid, and myself graved some for the sons of men.

145. Veistu, hvé rísta skal? Veistu, hvé ráða skal? Veistu, hvé fáa skal? Veistu, hvé freista skal? Veistu, hvé biðja skal? Veistu, hvé blóta skal? Veistu, hvé senda skal? Veistu, hvé sóa skal?

145. Do you know how to write? Do you know how to read? Do you know ow to paint? Do you know how to prove? Do you know how to ask? Do you know how to worship? Do you know how to summon? Do you know how to sacrifice?

Havamal
Words Of Odin

146. Betra er óbeðit en sé ofblótit, ey sér til gildis gjöf; betra er ósent en sé ofsóit. Svá Þundr of reist fyr þjóða rök, þar hann upp of reis, er hann aftr of kom.

146. Better to pray for too little than offer too much, answered prayers does not depend upon the size of your gifts; better is none than too big of a sacrifice, thus wrote Odin before the world began, where he rose up when he returned.

147. Ljóð ek þau kann, er kann-at þjóðans kona ok mannskis mögr. Hjalp heitir eitt, en þat þér hjalpa mun við sökum ok sorgum ok sútum görvöllum.

147. I know of songs that no king's wife can say nor any man mastered; one is called "Help" because it can comfort the sick and relieve sorrows.

148. Þat kann ek annat, er þurfu ýta synir, þeir er vilja læknar lifa.

148. A second song I know, which the sons of men must sing in order to heal the sick.

149. Það kann ek þriðja: ef mér verðr þörf mikil hafts við mína heiftmögu, eggjar ek deyfi minna andskota, bíta-t þeim vápn né velir.

149. A third song I know, should I ever need to weaken my enemy; dulls the edge of my foes sword, neither staves nor weapons wound.

150. Þat kann ek it fjórða: ef mér fyrðar bera bönd að boglimum, svá ek gel, at ek ganga má, sprettr mér af fótum fjöturr, en af höndum haft.

150. A fourth song I know, should I ever need to be freed, I shout the song that sets me loose, bonds break from my hands and nothing can hold my feet.

151. Þat kann ek it fimmta: ef ek sé af fári skotinn flein í folki vaða, fýgr-a hann svá stinnt, at ek stöðvig-a-k, ef ek hann sjónum of sék.

151. A fifth song I know, should I ever need it in battle, any flying spear or arrow shall be slowed down and blocked, I only need to see it.

Havamal
Words Of Odin

152. Þat kann ek it sétta: ef mik særir þegn á vrótum hrás viðar, ok þann hal er mik heifta kveðr, þann eta mein heldr en mik.

152. A sixth song I know, when someone attempts to harm me by carving runes on a moist tree root, that same harm shall only fall back ill on his head.

153. Þat kann ek it sjaunda: ef ek sé hávan loga sal of sessmögum, brennr-at svá breitt, at ek hánum bjargig-a-k; þann kann ek galdr at gala.

153. A seventh song I know, if I see flames raging around a structure, no matter how large the fire is my song can stop it.

154. Þat kann ek it átta, er öllum er nytsamligt at nema: hvars hatr vex með hildings sonum þat má ek bæta brátt.

154. An eighth song I know, which no man can find unusable: when hostility settles among warriors this song will calm them.

155. Þat kann ek it níunda: ef mik nauðr of stendr at bjarga fari mínu á floti, vind ek kyrri vági á ok svæfik allan sæ.

155. A ninth song I know, if ever I need to save my ship from a storm, this song will quiet the wind and calm the waves, soothing all the sea to rest.

156. Þat kann ek it tíunda: ef ek sé túnriður leika lofti á, ek svá vinnk, at þær villar fara sinna heimhama, sinna heimhuga.

156. A tenth song I know, any time I see flying witches in the sky, this song shall push them of course; they shall loose their skins and wits.

157. Þat kann ek it ellifta: ef ek skal til orrostu leiða langvini, und randir ek gel, en þeir með ríki fara heilir hildar til, heilir hildi frá, koma þeir heilir hvaðan.

157. An eleventh song I know, whenever I lead faithful friends into battle, under each shield I shall say this song, and they shall fight with speed safely into battle and out.

Havamal
Words Of Odin

158. Þat kann ek it tolfta: ef ek sé á
tré uppi váfa virgilná, svá ek
ríst ok í rúnum fák, at sá gengr
gumi ok mælir við mik.

158. A twelfth song I know, if I see
a corpse hanging high among a
tree, the mighty runes I can
write and paint to make the
man come down and speak
with me.

159. Þat kann ek it þrettánda: ef ek
skal þegn ungan verpa vatni á,
mun-at hann falla, þótt hann í
folk komi, hnígr-a sá halr fyr
hjörum.

159. A thirteenth song I know, if I
sprinkle water over a newborn
son, he shall not fall in any
fight, no swords will slay him.

160. Þat kann ek it fjögurtánda: ef
ek skal fyrða liði telja tíva
fyrir, ása ok alfa ek kann allra
skil; fár kann ósnotr svá.

160. A fourteenth song I know, all
men shall know when I tell
them tales: I know all about
the nature of elves and the
Gods, which none can say as
much.

161. Þat kann ek it fimmtánda er
gól Þjóðrerir dvergr fyr
Dellings durum: afl gól hann
ásum,en alfum frama, hyggju
Hroftatý.

161. A fifteenth song I know, the
dwarf named Thjodrorir
chanted songs at Delling's
door: he sang strength to the
Gods, and skills to the elves,
and understanding to Odin.

162. Þat kann ek it sextánda: ef ek
vil ins svinna mans hafa geð
allt ok gaman, hugi ek hverfi
hvítarmri konu, ok sný ek
hennar öllum sefa.

162. A sixteenth song I know, if I
sing this song any woman shall
grant my desires; I can win the
heart of any fair woman, I can
turn her thoughts into my will.

Havamal
Words Of Odin

163. Þat kann ek it sjautjánda at mik mun seint firrask it manunga man.

163. A seventeenth song I know, which can make no woman forsake me.

164. Ljóða þessa mun þú, Loddfáfnir, lengi vanr vera; þó sé þér góð, ef þú getr, nýt ef þú nemr, þörf ef þú þiggr.

164. These words, Believer, which any sons of man who have no knowledge of shall lack in life, you shall have them if you ask, they will do you good once learned.

165. Þat kann ek it átjánda, er ek æva kennik mey né manns konu, allt er betra, er einn of kann; þat fylgir ljóða lokum, nema þeiri einni, er mik armi verr, eða mín systir sé.

165. An eighteenth song I know, which I shall never tell a man or woman, nor my sister or a woman I've had sex with; most safe are secrets when kept to one.

166. Nú eru Háva mál kveðin Háva höllu í, allþörf ýta sonum, óþörf jötna sonum; heill sá, er kvað, heill sá, er kann, njóti sá, er nam, heilir, þeirs hlýddu.

166. The words of Odin spoken in his hall are most helpful to the sons of men, but dangerous to giants. Hail to the speaker, hail to the teacher who spreads these wisdoms! Any man who has these words is lucky, and happy if they live by them!

Skýringar
Notes

Skýringar
<u>Notes</u>

Heillaðu Gömlu Leiðirnar!
Hail The Old Ways!

Photo of Dylon Lawrence

Hail to the reader! The Havamal is one of the most sacred texts for modern Scandinavian descendants who wish to learn more about their Norse ancestral philosophy. The literature of the Havamal stayed alive amongst old Scandinavia, due to the fact that all stories were passed down from generation to generation by word of mouth. The Havamal is a collection of advice and verses believed to have been handed down by Odin to the Norse people. I have attempted my best to translate these ancient words into modern-day English most speakers could understand, while only interpreting the meaning of words into understandable grammar for English. While also not trying to tamper with the practical structure, integrity and flow of the original verses using "wisdom plus proof equals truth".

Just like many others, I began this journey of seeking knowledge due to the results of a DNA ancestry test. Which showed me the unknown truth about my Scandinavian family history and bloodline. Like many other families, this old Norse identity, philosophy and culture were slowly forgotten as my distant relatives migrated to America. Many generations of my Scandinavian ancestors married other spouses from different cultures and backgrounds, which swallowed up any remaining Scandinavian influence. Then came me, with no knowledge of my roots or family history. I didn't even know the name of my great grandfather until I discovered myself. Truly, I believe family heritage should be taken more seriously, especially when that family history is so close to extinction. Family heritage is important, those who have no identity will adopt foreign ideals as their own. There are many stories and much wisdom lost about the Norse ways, and I believe they are waiting to be discovered. The voice of your ancestors is not lost, but rather waiting to be found. Skol!

I wish you and your family the best!

Respectfully,

Dylon Lawrence

A Song For Odin

Hail Odin, All Father, Rune Weaver,
Warrior and Wanderer,
Chieftain of Asgard,
I thank you for the breath of life,
For now I use my breath to thank you,
I live with honor and courage,
I live through your name,
I give thanks to thee,
I also give thanks to my ancestors,
For their hardships were great,
I walk in the path of wisdom,
I search for knowledge ever more,
All father, I share your thirst,
A thirst for knowledge,
A thirst for love,
May your ravens watch over me,
So I can make my ancestors proud,
I strive for Valhalla constantly,
Where the heroes rest,
Odin, I thank you for your presence,
May the descendants of the old way,
Be forever reborn.

Made in the USA
Middletown, DE
03 August 2020

14446367R00026